FACULTÉ DE DROIT DE PARIS.

Thèse

POUR LA LICENCE.

L'acte public sur les matières ci-après sera soutenu,

le mercredi 23 novembre 1853, à huit heures,

Par GENEAU, né à Samer (Pas-de-Calais).

Président : M. DE PORTETS, Professeur.

MM. PELLAT,	}	Professeurs.
BONNIER,		
Suffragants : FERRY,	}	Suppléants.
ROUSTAIN,		

Le Candidat répondra en outre aux questions qui lui seront faites sur les autres matières de l'enseignement.

PARIS

VINCHON, Fils et Successeur de Mme Ve BALLARD,
Imprimeur de la Faculté de Droit,
RUE J.-J. ROUSSEAU, No 8.

1853.

3033

JUS ROMANUM.

DE CONDICTIONE INDEBITI.

(Dig., lib. 12, tit. 6.)

Indebiti condictio dicitur in personam actio per quam nobis repetere licet quod indebitum ignorantes solvimus. Hæc autem actio ex illa lege nostris animis inscripta nascitur : jure naturæ æquum est neminem cum alterius detrimento et injuria fieri locupletiorem.

Qui indebitum a non sciente accipit non ex contractu sed quasi ex contractu obligatur, nam qui se liberandi animo solvit in hoc pecuniam dare videtur quo potius distrahat quam contrahat negotium. Indebitum accipientis obligatio ad obligationem ejus qui mutuum accepit proxime accedit, eædem sunt juris regulæ, eadem actione tenentur. Differt tamen indebiti condictio quod ex quasi contractu et ex æquo exoritur, non tantum ad res pondere, mensura numerove constantes, sed etiam ad omnes res corporales et incorporales petendas datur, denique non in id quod solutum est, sed quousque accipiens factus est locupletior nonnunquam competit.

Nobis videndum est : 1° quando competat indebiti condictio ;
2° cui et adversus quem competat ; 3° quid in eam veniat.

Quando competit indebiti condictio.

Tria concurrere oportet ut hæc condictio habeatur : 1° indebitum fuisse quod solutum est ; 2° ab ignorante fuisse solutum ;
3° nullam fuisse causam propter quam etsi indebitum solve-
retur.

§ 1. — Indebitum fuisse quod solutum est.

Quo clarius appareat quid sit indebitum, videamus primum
quid debitum sit. Debitum intelligitur non id tantum quod ex
jure civili a debitore invito exigi potest, sed etiam quod ex
naturali obligatione nascitur ; nam si naturalis obligationis nomine petitionem vel actionem non habemus, id saltem per exceptionem retinere nobis licet. Ideo si naturalis debitor solverit,
condictionem agere non poterit, etenim ipse debitum fuisse
quod solutum est agnovisse existimatur. Ita si libertus patrono
operas solvit, libertum, quum se putaret patrono operas debere, condicere non posse, quamvis putans se obligatum solvit,
Julianus libro decimo Digestorum scripsit. Item si quid pater
filio crediderit aut debuerit, filiusque emancipatus patri vel
pater emancipato filio solverit, neuter repetere poterit, manet
enim naturalis obligatio. Item si quid dominus servo crediderit
aut debuerit, servusque manumissus domino vel dominus ma-
numisso servo solverit, neutri repetitio patebit. Item si mutuum
pupillus sine tutoris auctoritate acceperit factusque sit locupletior, si puber factus solvat, non datur repetitio.

Multis autem modis indebitum solvitur. Indebitum solutum esse videtur quum ex causa solutum est quæ omnino non extitit, sed extitisse credita est. Hinc Pomponius : sed et si me putem tibi aut Titio promisisse quum aut neutrum factum sit aut Titii persona in stipulatione comprehensa non sit et Titio solvero, repetere a Titio potero.

Item si ex causa solutum sit quæ jure non valuit vel non habuit effectum. Ita : si quid ex testamento solutum sit quod postea falsum, vel inofficiosum, vel irritum apparuerit, repetetur ; vel si post multum temporis emerserit æs alienum.....
Idem est etsi solutis legatis nova et inopinata causa hereditatem abstulit, veluti nato posthumo quem heres in utero fuisse ignorabat vel ab hostibus reverso filio quem pater obiisse falso præsumpserat. Idem Adrianus rescripsit et si aliud testamentum proferatur. Et hæc : servum meum a te insciens emi pecuniamque tibi solvi, eam me a te repetiturum et eo nomine condictionem mihi esse omnimodo puto sive scivisses meum esse, sive ignorasses.

Indebitum solutum esse dicimus quod ante conditionis effectum solutum est. Conditio enim quamdiu non extat nil nisi spem creditori confert. Ita Pomponius : sub conditione debitum, per errorem solutum pendente quidem conditione, repetitur ; conditione autem existente, repeti non potest. — Oportet autem ut de vera agatur conditione incertumque sit an unquam eveniat, nam si *cum moriar* dare promisero et antea solvam, repetere me non posse Celsus ait. Qui enim in diem certam debet adeo debitor est ut ante diem solutum repetere non possit, quia ante constitutum tempus solvendo moræ beneficio renuntiasse videtur ; si vero dies sit incerta pro conditione habenda est.

Indebitum autem solutum accipimus non solum si omnino non debeatur, sed et si per aliquam exceptionem perpetuam peti non posset, quare hoc quoque repeti poterit nisi sciens se tutum exceptione debitor solverit. Exemplum nobis Marcianus proponit : si pactus fuerit patronus cum liberto ne operæ ab eo petantur, quidquid postea solutum fuerit a liberto repeti potest. Illud vero non est dicendum de omni perpetua exceptione, sed de ea tantum quæ naturalem obligationem aufert, vel etiam, hac obligatione manente, quum prohibente lege contractum est et prohibitio erga debitorem constituta est. Temporales autem exceptiones diem solutioni adjectam imitantur, ideoque indebitam rem non faciunt.

Indebitum solvitur quum id quod alius debebat alius quasi ipse debens solvit et tunc hinc indebiti repetito non obligationis liberatio competit. Ita Pomponius : quamvis debitum sibi quis recipiat, tamen si is qui dat non debitum dat, repetitio competit, veluti si is qui heredem se vel bonorum possessorem falso existimans creditori hereditario solverit ; hic enim neque verus heres liberatus erit et is quod dedit repetere poterit. Nec obstat hæc Pauli sententia : repetitio nulla est ab eo qui suum recepit tametsi ab alio quam vero debitore solutum. Pauli enim verba ad eum qui in nomine debitoris non ad eum qui suo nomine solvit, spectare intelliguntur.

Item indebitum solvitur quum solvitur alii quam cui debetur vel aliud quam quod debetur : si putem me Stichum aut Pamphilum debere quum Stichum debeam et Pamphilum solvam, repetam quasi indebitum solutum, nec enim pro eo quod debeo videor id solvisse.

Indebitum solutum esse paret non solum quum nihil ex soluto deberem, sed etiam quum plus debito solvi. Si quis, ait Javolenus, hereditatem vendidit et emptori tradidit, id quod sibi mortuus debuerat non retinuit, repetere poterit quia plus debito solutum per condictionem recte recipietur. Item Pomponius : quum iter excipere deberem, fundum liberum per errorem tradidi, incerti condicam ut iter mihi concedatur. Quin etiam si quis cautionem exhibere omisit quæ ipsi exhibenda erat debito plus solvisse creditur. Si quis, quum a fideicommissario sibi cavere poterat, non caveat, quasi indebitum plus debito eum solutum repetere posse divi Severus et Antoninus rescripserunt.

Indebitum denique solvitur quum id solvo non solum quod nunquam debui, sed etiam quod debere desii. Ego et Titius æs idem communiter et in solidum Lucio debebamus, ignorans autem Titium quidquid debitum erat solvisse, iterum solvi, jure repetam quia nec jam debitum a me solutum est ; quod si eodem tempore ambo solverimus, Celsus docet utrumque pecuniæ dimidium jure repetiturum esse.

§ 2. — Ab ignorante fuisse solutum.

Ut indebiti condictio admittatur, necesse est etiam ignorantem ignoranti indebitum solvisse. Et quidem si quis indebitum ignorans solvit condicere potest, sed si sciens se non debere solvit, cessat repetitio, donasse censetur ; at si quis ignorans scienti solverit indebitum, condictioni furtivæ potius quam indebiti locum esse existimabimus.

Qui autem sciens se jure civili non obligari, sed falso credens aliquam sibi naturalem obligationem incumbere, solvit, ignorantem illum indebitum solvisse dicendum est. Si quis vero dolo solveret indebitum quidem vice rei debitæ, non esset repetitio.

Quum autem ambiguum est an is qui solvit sciverit ignoraverit ne indebitum se solvere, condictio competit, nam in re obscura melius est favere repetitioni quam adventitio lucro.

Si quis solvit dubitans an debeat, videndum est an sic solverit ut, si apparuisset esse indebitum, reddatur, tunc repetitio locum habebit, negotium enim contractum est.

Nihil vero interest ad indebiti condictionem sciverit ne qui solvit an ignoraverit indebitum esse quum ex personæ condi-

tione solutio est irrita, ut puta si pupillus sine tutoris auctoritate, vel furiosus, vel is cui bonis interdictum est, solverit. In
his personis generaliter repetitioni locum esse non ambigitur ;
et si quidem extant nummi, vindicabuntur ; consumptis vero
condictio locum habebit.

Non credendum est quamlibet solventis ignorantiam sufficere
ut indebiti condictio pateat, facti tantum ignorantia repititionem
præbet, ita ut si per juris ignorantiam indebitum solutum sit,
jure civili condictio impediatur.

§ 3. — Nullam fuisse causam propter quam etsi indebitum solveretur.

Quamvis indebitum ignorans solverim , repetitio mihi non
competit si extitit causa propter quam solverem. Multis autem
causis indebitum repeti nequit, scilicet : pietate, judicato, transactione, causis ex quibus inficiando lis crescit.

Pietatis causa naturali obligatione non longe distat. Inde Julianus : mulier si in ea opinione sit ut credat se pro dote obli-
gatam, quidquid dotis nomine dederit, non repetit ; sublata
enim falsa opinione, relinquitur pietatis causa ex qua solutum
repeti non potest.

Si quis solvere condemnatus fuerit, quamvis injusta sit con-
demnatio, solutum non repetet, aliquam enim fuisse solutioni
causam dicemus.

Item de transactionis causa soluto. Quod transactionis nomine
datur, ait Paulus, licet res nulla media fuerit, non repetitur, nam
hoc ipsum quod a lite disceditur causa videtur esse. Non sine
causa solvisse videor quia litem arcere vel dirimere volui.

Ad transactionis causam maxime accedere videntur causæ ex
quibus inficiando lis crescit, sicut ex lege Aquilia vel ex legatis
quæ ad sacrosanctas ecclesias aliaque venerabilia loca spec-
tant. Si quis ex iis causis indebitum solverit, repetitionem non

aget, solvendi enim causam habuisse censetur quum pœnam quæ inficiatione nascitur fugere cupivit.

Cui et adversus quem indebiti condictio competit.

Cui competit? — Illi tantum qui solvit vel cujus nomine solutum est, non autem ei qui alterius nomine solvit, indebiti condictio conceditur. Hinc Papinianus : cum indebitum impuberis nomine tutor numeravit, impuberis condictio est. Idem de procuratore dicendum, nam Julianus ait neque tutorem, neque procuratorem solventes repetere posse, neque interesse suam pecuniam an pupilli vel domini solvant. Condictio tamen competit procuratori in rem suam, qui non alterius sed suo nomine solvit.

Quod ad eum spectat qui alterius nomine solvit, ex subtilitate juris diximus indebiti condictionem ei non competere, benigne autem et æquitatis causa utilis actio accommodatur præsertim si aliter prospicere non possit. Ita Scævola : tutor qui creditori pupilli sui plus quam debebatur exsolvit et tutelæ judicio pupillo non imputavit, repetitionem adversus creditorem habebit.

Aliquando etiam illi qui nec ipse solvit nec cujus nomine solutum est hæc utilis repetitio dabitur. Circa enim testamentum quod postquam ab herede scripto soluta sunt legata, inofficiosum vel falsum apparebit, illi secundum quem de hereditate judicatum est adversus eos qui legata acceperunt utilem actionem concedendam esse rescripsit Adrianus.

Adversus quem competit indebiti condictio? — His solis condicitur quibus quoquo modo res soluta est, non quibus proficit. Alicui autem solvisse censemur non tantum quum ipsi, sed etiam quum alteri ejus jussu solvimus vel expromisimus. **Celsus igitur**

ait eum qui procuratori debitum solvit continuo liberari neque
ratihabitionem considerari ; quod si indebitum acceperit pro-
curator, tunc exigi ratihabitionem, quoniam nihil de hoc nomine
exigendo mandasse videtur dominus, et ideo, si ratum non habeatur, a procuratore repetendum.

SECTIO III.

Quid in indebiti condictionem venit.

Hac actione repetimus aut rem ipsam quam per errorem
indebitam solvimus aut tantumdem aut denique æstimationem.
Res ipsa repetitur si in corpore certo consistit quod usu non
perit ; tantumdem vero si res soluta natura sit fungibilis; æsti-
matio demum si quis errore indebitum fecerit, ut puta si servus
operas fabriles indebitas præstiterit, vel si quis jus quoddam
errore concesserit, tunc enim indebiti condictio non jam ad id
spectat ut rem parem pariumve rerum quantitatem qualitatem-
que repetat, sed ut factorum juriumve restitutionem, si fieri
potest, exigat, si minus æstimationem.

Qui indebitum bona fide accepit, quatenus tantum locupletior
factus est condictione tenetur. Inde si indebitam habitationem
tibi in solutum dedero, condicam quidem non quanti locare
potui, sed quanti conducturus fuisset, nam facto meo damnum
experiri non debes.

Si quis bona fide accipienti certum corpus errore solverit,
satis habebit si reddatur quale est quando repetit, nullamque
qui accepit rationem debet quod parum curavit, etenim qui
rem quasi suam neglexit nulli querelæ subjectus est. Si igitur
res soluta depravata sit vel perierit, depravatio jacturave in-
cumbit ei qui solvit, nisi culpa jus qui eam accepit supervene-
rint postquam suam non esse certus factus est. At contra plus
quam solutum nonnunquam repetere licebit, scilicet si res aucta

sit. Et quod rei solutæ accessit, scripsit Paulus, venit in condictionem, ut puta partus qui ex ancilla natus sit, vel quod allu-
vione accessit ; imo et fructus quos is cui solutum est bona fide
percepit in condictionem venient. Qui fructus ita restituit legi-
time impensa deducere potest. Si quis tamen indebite solutam
pecuniam condicit, usuras ejus frustra repetet, tunc enim in
condictionem venit id solum quod indebite solutum est, quoniam
usuræ pecuniæ quasi partus ancillæ aut alluvio fructusve fundo
non accedere dicuntur.

De autem loco ubi condici potest sic Paulus loquitur : qui
loco certo debere existimans indebitum solvit, quolibet loco
repetet.

DE JURIS ET FACTI IGNORANTIA.

(Dig., lib. 22, tit. 6.)

Sæpe requirere interest num quis quædam sciverit an ignoraverit. Ignorantia quidem duplicem causam habet, etenim
juris est vel facti.

Ille jus ignorat quem legibus aut suæ civitatis moribus constituta fugiunt ; factum autem ignorat qui aliquid accidisse aut
quomodo acciderit non scit. Ita : si ex asse heres institutus non
putet se bonorum possessionem petere posse ante apertas tabulas, in jure errat ; quod si nesciat esse tabulas, in facto
errat.

Ignorantia juris. — Maxime videndum est quæ sit juris ignorantia. Hæc est quæ non modo circa juris naturalis vel gentium,
sed etiam circa juris civilis præcepta versatur, inter graves
culpas numeratur neminique ratione prædito excusandi locum
affert. Quis enim si ratione tantula illuminatur ea possit ignorare quæ natura in omnium animo inscripsit et quæ quisque
si se ipsum interroget intimosque sensus scrutetur, comperire

potest. Quod autem ad jus civile spectat non est discernendum utrum ex naturali jure an ex hominum voluntate descenderit, nam quum finitum est, aut illud scire aut de eo peritos consulere unusquisque debet. Si igitur apparet crassam et quodam modo affectatam fuisse ignorantiam nulla, cum de lucro agetur excusatio admittenda. Quibusdam tamen personis jus ignorare impune permissum est ; sic minoribus viginti quinque annis quia perfectæ ætatis non sunt, fœminis in quibusdam causis propter sexus infirmitatem, militibus tandem et rusticis propter imperitiam. Itaque si filiusfamilias miles a commilitone heres institutus nesciat sine patre hereditatem adire sibi licere jus impune ignorabit, constitutionibus enim rescriptum est diem ei non cedere.

Ignorantia facti. — Ignorantia facti vel probabilis est vel supina et affectata. Probabilis existimanda est si de facto alieno agatur quod prudentissimos fallere possit, quoniam nemini scrupulosam rerum alienarum inquisitionem leges imponunt. Ideo in his rebus hujus modi ignorantia semper præsumenda est ita ut contraria affirmanti onus probandi incumbat. Propriorum etiam factorum ignorantia nonnunquam probabilis habenda est, præsertim si facta sunt antiqua aut implicita. Probabilis ignorantia excusationem semper præbet, seu facta sint aliena, seu propria.

Ignorantia facti supina et affectata ad ea facta quæ per civitatem fama evulgavit simul et ad propria spectat.

Ex Ulpiani verbis hæc de facti tum proprii, tum alieni, ignorantia comprobatur regula : neque negligentiam crassam aut nimiam securitatem non satis expeditam excusari posse, neque tamen scrupulosam inquisitionem, neque delatoriam curiositatem exigendam.

In eo quidem differunt ignorantia juris et ignorantia facti quod, si quis de acquirendo certat, nocere ei debeat ignorantia juris, non autem facti, quoniam, ut supra cum Neratio diximus, jus finitum est et quisque aut illud scire aut de eo peritos consulere debet, ita ut juris ignorantia culpa vertatur meritoque noceat, dum facti interpretatis plerumque etiam prudentissimos fallat ideoque in culpam venire nequeat. Ita juris ignorantiam, ait Pomponius, in usucapione negatur prodesse, facti vero ignorantiam prodesse constat. Hinc proponitur regula : in lucris nocere errorem juris non autem facti nisi tamen facti ignorantia ferenda non sit, id est, si quis ignoret quod omnes in civitate sciunt.

In eo autem conveniunt ignorantia juris et ignorantia facti quod si quis per errorem juris vel facti aliquid gesserit, rem suam reposcere aut retinere póssit. Inde altera est regula : errorem quemlibet in damnis non nocere.

Utramque regulam ita contrahit Papinianus : error facti ne in maribus quidem in damnis vel compendiis obest, juris autem error non fœminis in compendiis prodest ; cæterum juris error nemini in damnis amittendæ suæ rei nocet.

Notandum superest adversus rem judicatam nemini prodesse ignorantiam nisi militibus.

Cæterum iniquum videtur cuiquam scientiam alterius nocere vel ignorantiam alterius prodesse. Illud quidem intelligendum de eo qui suo nomine negotium gessit aut cujus nomine gestum est.

Hic certe requirendum an juris sicut facti ignorantia condictionem indebiti permittat. Diocletianus et Maximianus edixerunt : quum quis jus ignorans indebitam pecuniam solverit, cessat repetitio. — Quo rescripto fretus Cujacius juris errore indebite solutum nunquam condici posse affirmavit, quoniam qui repetit quod indebite solverit de re acquirenda certat quam solvendo alienam fecit, porro juris ignorantia acquirere volentibus nocet. — Altera sententia magis æquitati favens potius admittenda nobis videtur : scilicet in his duntaxat casibus Diocletiani rescriptum locum obtinere quum is qui solvit, etsi ne natura quidem deberet et honeste potuisset non solvere, solvendo tamen honestius fecisset. Exemplum affertur heredis qui quamvis Falcidiam deducere honeste possit, honestius tamen facit eam non retinendo mortuoque plenam fidem exhibendo. Sed si res aliter se habeat, juris ignorantiam condictioni non obesse dicemus.

QUEMADMODUM ACTIONES PER INFICIATIONEM DUPLICANTUR.
(Pauli Sententiæ, lib. 1, tit. 19.)

Nonnullis juribus inest quas aliquid sacri et ideo lex ea vi majore tuetur. Actiones quædam in duplum omnimodo extenduntur, aliæ autem inficiatione tantum quum is adversus quem agitur petitum negat et deinceps probatum sit eum debere, visum est enim eum temerariæ recusationis pœnam solvere.

Actiones quæ per inficiationem duplicantur ita enumerat Paulus : quædam actiones, si a reo inficientur, duplantur, velut judicati, depensi, legati per damnationem relicti, damni injuria legis Aquiliæ, item de modo agri, cum a venditore emptor deceptus est.

Si quis damnatus sit et judicatum postea inficietur, confessionem suam, ait Paulus, in duplum revocare non potest.

Actio depensi Publiciana lege introducta sponsoribus et fidepromissoribus adversus debitorem dabatur.

Actio legati, Pauli tempore, ad ea spectabat quæ per damnationem legata fuerant, quia heres dare damnatus non longe differt a reo quem judex condemnavit, et qui inficiatur quod testator tam severe voluit majore dignus est odio quam qui simpliciter legata negat. Justiniani autem constitutio hanc servavit actionem contra illos tantum qui relicta sacrosanctis ecclesiis aliisque venerabilibus locis legati vel fideicommissi nomine dare distulerint usque adeo ut in judicium vocarentur.

Damni injuria actio lege Aquilia introducta est adversus eum qui damnum injuria factum negavit, quod priori delicto alterum addit mentiendo.

Actio de modo agri item ob mendacium venditoris in duplum crescit. Distracto fundo, ait Paulus, si quis de modo mentiatur, in duplo ejus quod mentitus est, officio judicis æstimatione facta convenietur. — Duplo tenus adhuc obligatur venditor, quamvis de modo non mentitus sit, si traditione perfecta, empta res evincatur.

Actionibus a Paulo expositis Justiniani Institutiones addunt miserabilis depositi actionem quum is qui, tumultus, incendii, ruinæ, naufragii causa depositum accepisse negat.

Ex his causis quæ inficiatione duplantur pacto decidi non potest, nam quasi publici juris sunt. Quinimo aut fatetur reus aut inficiatur : si fatetur, pro judicato habendus et nullus transactioni locus ; si inficiatur ac postea decidendi causa pacisci velit, pro convicto inficiatore damnandus est.

Quidquid ex his causis indebite solutum est per condictionem repeti nequit, quia non sine causa sed quasi ex transactione ad evitandam in duplum condemnationem solutum fuisse existimatur.

DROIT FRANÇAIS.

DES ENGAGEMENTS QUI SE FORMENT SANS CONVENTION.
(Code civ., art. 1370-1382.)

La volonté de l'homme se révélant par le consentement mutuel des parties, est assurément la source la plus féconde des obligations, mais elle n'est pas la seule.

Le législateur ne pouvait pas lire dans l'avenir tous les rapports que les événements établiraient entre les hommes, et comprenant combien la société serait imparfaite si ses membres n'avaient entre eux d'autres obligations que celles qu'ils auraient prévues et réglées, il a posé ce principe : des engagements naissent sans convention.

Certains engagements, dit l'art. 1370, se forment sans qu'il intervienne aucune convention, ni de la part de celui qui s'oblige, ni de la part de celui qui est obligé. Cette rédaction, il est vrai, n'est pas exacte; toute convention supposant nécessairement le concours de plusieurs volontés, on ne comprend pas qu'elle intervienne de la part d'une seule personne. Il était bien plus simple de dire comme Pothier : certains engagements naissent sans convention entre les parties.

Ce vice d'ailleurs n'est pas le seul. Pourquoi les rédacteurs du Code n'ont-ils accordé que le nom d'*engagements* aux liens qui se forment en dehors du consentement mutuel des parties, et ont-ils réservé le nom d'*obligations* à ceux qui résultent des contrats, comme si un engagement et une obligation n'étaient pas une seule et même chose, comme s'ils n'avaient pas une commune origine, la loi?

Les engagements qui se forment sans convention se divisent en deux classes : les uns résultent de l'autorité seule de la loi, les autres d'un fait personnel à celui qui se trouve obligé ou qui oblige une autre personne envers lui.

Cette distinction, que le Code emprunte à Pothier, entre les engagements résultant de l'autorité seule de la loi et ceux qui naissent d'un fait de l'homme, ne peut se justifier. La loi n'est-elle pas, en définitive, la source unique de toutes les obliga-tions? Toute obligation civile quelle qu'elle soit, ne découle-t-elle pas d'un principe du droit naturel, sanctionné par la loi positive? Dans les quasi-contrats, dit Pothier lui-même, et les quasi-contrats sont les faits licites de l'homme, c'est *la loi seule ou l'équité naturelle* qui produit l'obligation. Dans les délits et les quasi-délits, qui sont des faits illicites, l'obligation découle de ce principe d'équité, que chacun doit réparer le dommage qu'il a causé injustement. Enfin, dans les contrats eux-mêmes, et c'est encore Pothier qui le reconnaît, c'est la loi qui proclame et fait respecter ce précepte du droit naturel : que tout homme doit remplir ses engagements. Sans doute, dans les obligations résultant des contrats, des quasi-contrats, des délits et des quasi-délits, nous apercevons à côté de la loi et avant son interven-tion, un fait de l'homme qui n'existe plus dans cette classe d'engagements, que l'art. 1370 désigne spécialement comme découlant de l'autorité seule de la loi; mais il n'en est pas moins vrai que la loi est, en principe, la source unique de toutes les obligations.

Les obligations qui résultent de la seule autorité de la loi sont disséminées dans toutes les pages du Code. L'art. 1370 cite comme exemples celles des tuteurs et autres administrateurs, qui ne peuvent refuser la fonction qui leur est déférée, et celles des propriétaires voisins.

Le législateur ne devait parler, bien entendu, que des tuteurs et autres administrateurs *qui ne peuvent pas refuser* la fonction à eux dévolue, car s'ils étaient libres de la refuser, leur acceptation deviendrait un fait volontaire constituant un quasi-contrat.

Quant aux obligations que la loi établit entre propriétaires voisins, elles sont relatives au bornage, aux réparations du mur mitoyen, à l'écoulement des eaux, etc.

Aux deux exemples de l'art. 1370 nous pouvons ajouter l'obligation que l'art. 203 impose aux époux, de nourrir, entretenir et élever leurs enfants, et celle que l'art. 205 impose aux enfants, de fournir des aliments à leurs père et mère, et autres ascendants, qui sont dans le besoin.

Les engagements qui naissent d'un fait de l'homme se divisent en plusieurs catégories, selon que ce fait est licite ou illicite. S'il est licite, il y a quasi-contrat; s'il est illicite, il y a délit ou quasi-délit, selon qu'il a été accompli avec ou sans intention de nuire. Nous n'aurons à nous occuper que des faits licites ou quasi-contrats.

Nous devons signaler ici une nouvelle inexactitude dans la rédaction de l'art. 1370. Certains engagements, dit cet article, naissent d'un fait personnel à celui qui se trouve obligé; nous avons ajouté avec Pothier: ou du fait d'une personne qui en oblige une autre envers elle. Sans doute, le plus souvent, l'auteur du fait s'oblige seul, mais quelquefois aussi il oblige les autres envers lui. Le Code le démontre lui-même dans les dispositions qui suivent. Nous lisons en effet, à l'art. 1371, que le quasi-contrat produit quelquefois un engagement réciproque des deux parties. Nous voyons également, à l'art. 1375, que celui qui gère l'affaire d'autrui oblige le maître en même temps qu'il s'oblige lui-même.

Le droit romain admettait bien aussi la distinction entre les obligations résultant des contrats et celles qui se forment sans convention, mais il n'avait pas remonté jusqu'aux sources respectives de ces dernières, il ne faisait pas de *la loi* une cause génératrice d'obligations. Aussi, les Instituts de Justinien font-elles rentrer les obligations des tuteurs et celles des propriétaires voisins dans la classe des obligations naissant comme d'un contrat.

DES QUASI-CONTRATS.

L'expression de *quasi-contrat*, employée par le Code, ne nous vient pas du droit romain, qui n'admettait que deux sources principales d'obligations, le contrat et le délit, et qui rattachait à l'une ou à l'autre de ces deux sources les mille circonstances dans lesquelles les obligations se forment, sans qu'il y ait ni contrat ni délit. Les jurisconsultes disaient de ces obligations qu'elles naissaient comme s'il y avait eu contrat (*quasi ex contractu*), comme s'il y avait eu délit (*quasi ex delicto*), et dès lors ils faisaient rentrer dans la classe des obligations naissant comme d'un contrat, non-seulement les faits volontaires de l'homme, mais encore toutes celles qui chez nous résultent de la seule autorité, de la loi.

L'expression de quasi-contrat est impropre et ambiguë ; elle semble supposer une espèce de consentement pour la formation des obligations qu'elle désigne.

Les quasi-contrats, dit l'art. 1371, sont les faits purement volontaires de l'homme dont il résulte un engagement quelconque envers un tiers, et quelquefois un engagement réciproque des deux parties.

Cette définition est incomplète; elle distingue bien les quasi-contrats des contrats qui exigent le concours de plusieurs volontés, mais elle ne les distingue pas des délits et des quasi-délits, qui sont aussi des faits purement volontaires de l'homme, engendrant des obligations, mais des faits illicites. Le législateur devait dire : les quasi-contrats sont des faits *licites* purement volontaires...... et toute confusion disparaissait.

Le Code ne traite ici que de deux quasi-contrats, la gestion des affaires d'autrui sans mandat et le paiement de ce qui n'est pas dû. Ce sont aussi les seuls dont nous ayons à nous occuper, mais il en existe bien d'autres. Ainsi, l'acceptation par une personne d'une tutelle qu'elle peut refuser, constitue un quasi-contrat; il en est de même si l'un des copropriétaires d'un bien indivis l'administre sans mandat des autres, ou si je retiens les constructions faites sur mon terrain par une personne de mauvaise foi, car je m'engage alors à rembourser le prix de la main-d'œuvre et la valeur des matériaux.

1° *De la gestion d'affaires.*

Il peut arriver qu'une absence, une maladie ou quelque autre circonstance, empêche une personne de s'occuper de ses affaires, qu'elle laisse ainsi à l'abandon. Le législateur devait encourager les tiers à y apporter leurs soins, et pour cela il fallait leur assurer des garanties plus solides que l'espérance d'une reconnaissance douteuse. Qui voudrait, en effet, dépenser son argent et ses peines pour les affaires d'autrui, si celui dont l'affaire a été gérée, n'était pas formellement obligé d'en tenir compte? Telle est l'origine du quasi-contrat de gestion d'affaires.

En principe, on ne peut stipuler ou promettre que pour soi-même. Cette règle souffre exception quant au mandat et à la gestion d'affaires. Il existe entre ces deux actes bien des points de ressemblance; les obligations des parties sont à peu près les mêmes, mais ils présentent une différence fondamentale. Le mandat suppose un concours de volontés, c'est un contrat pur et simple, tandis que la gestion d'affaires n'est jamais qu'un quasi-contrat.

Il y a gestion d'affaires lorsque, volontairement et sans mandat, on gère l'affaire d'autrui, soit que le propriétaire connaisse la gestion, soit qu'il l'ignore.

Ainsi, pour qu'il y ait quasi-contrat de gestion d'affaires, il faut trois conditions principales : 1° gérer l'affaire d'autrui ; 2° la gérer sans mandat ; 3° la gérer, non-seulement en vue de lui être utile, mais aussi de l'obliger.

1° *Gérer l'affaire d'autrui.* — Cette règle suppose le concours de deux personnes : l'une active, l'autre passive. Il importe peu, du reste, qu'on ait cru gérer sa propre affaire si, en réalité, on a géré celle d'autrui.

Quelques exemples nous feront saisir l'esprit de la loi. J'ai fait l'affaire de votre pupille, affaire dont vous étiez chargé ; j'ai, en votre considération, prêté de l'argent à votre commis ou à votre mandataire, je suis censé avoir géré votre affaire. Il en est de même si, faisant l'affaire de *Primus*, j'ai fait en même temps celle de *Secundus*, j'aurai contre chacun d'eux l'action *negotiorum gestorum* ; mais, si croyant faire l'affaire de *Primus* je n'avais fait que celle de *Secundus*, j'aurais action contre ce dernier seulement.

2° *Gérer l'affaire d'autrui sans mandat.* — C'est précisément cette absence de mandat qui constitue le quasi-contrat de gestion d'affaires. Cependant, si je sais que quelqu'un gère mes affaires et que je garde le silence, ne doit-on pas voir un mandat tacite dans cette tolérance d'un fait auquel je puis m'opposer ?

Le droit romain voyait dans ce silence un véritable mandat ; Pothier professait la même doctrine. Le Code l'a-t-il adoptée ? Si nous nous renfermons dans son texte, il paraît bien ne pas l'admettre, car l'art. 1372 dit qu'il y a quasi-contrat de gestion d'affaires, soit que le maître *connaisse* la gestion, soit qu'il l'ignore. De plus, l'art. 1985 exige que la volonté du mandant soit exprimée par écrit ou *verbalement*.

Malgré ces textes si formels, l'opinion contraire pourrait se justifier. Ainsi, quand les rédacteurs du Code nous disent, dans l'art. 1372, qu'il y a gestion d'affaires lors même que le maître *connaît* la gestion, ils n'ont eu en vue que le cas où le maître la connaît sans pouvoir s'y opposer. Ainsi, un absent peut fort bien savoir que quelqu'un gère ses affaires, et à raison de la difficulté des communications se trouver dans l'impossibilité de manifester sa volonté. Quant au mot *verbalement* de l'art. 1985, il n'y est placé que par opposition aux mots *par écrit*, et il n'exclut aucune autre manière de conférer un mandat. Si notre interprétation paraît contraire à la lettre de la loi, elle est du moins conforme à son esprit, car donner au mot *verbalement* le sens rigoureux que nous lui refusons, ce serait faire revivre les formes subtiles de l'ancien droit dont le législateur se montre partout l'adversaire.

La distinction entre le contrat de mandat tacite et le quasi-contrat de gestion d'affaires amène des conséquences importantes, comme nous le verrons plus loin.

Que décider si le maître s'est opposé à la gestion ? Les jurisconsultes romains n'étaient pas d'accord sur ce point. Pomponius donnait au gérant l'action utile de gestion d'affaires, Ulpien et Paul lui refusaient toute action, et leur opinion fut adoptée par Justinien. Le Code garde le silence sur cette question. Toutefois on ne peut douter que le fait d'avoir géré malgré le maître ne constitue une faute, et que le gérant n'encoure des dommages-intérêts si la gestion a porté préjudice ; mais si elle a été utile, l'équité veut qu'il soit indemnisé.

3° *Gérer l'affaire d'autrui en vue, non-seulement de lui être utile, mais encore de l'obliger, du moins à l'effet d'avoir une action.* — Si en s'immisçant dans les affaires d'autrui on avait entendu lui rendre un service de pure obligeance, il n'y aurait plus gestion d'affaires, mais une simple libéralité. Du reste *l'animus donandi* ne se présumant pas, ce sera presque toujours une simple question de fait soumise à l'apprécation des tribunaux.

Passons aux obligations qui naissent du quasi-contrat de gestion d'affaires. Une seule des parties est obligée dès le principe, c'est le gérant ; son obligation est principale, celle du maître n'est que secondaire, subordonnée à l'utilité de la gestion. Examinons d'abord celles du gérant.

Obligations du gérant. — Le gérant, dit l'art. 1372, se soumet à toutes les obligations qui résulteraient d'un mandat exprès que lui aurait donné le propriétaire. Ne concluons pas de ces paroles qu'il n'existe aucune différence entre le mandataire et le gérant. Le premier peut, s'il s'est renfermé dans les limites de son mandat, exiger le remboursement de toutes ses dépenses utiles ou non, le second n'y a droit qu'autant que sa gestion a été dès le principe utile au maître ; la preuve testimoniale n'est admise pour le mandat que jusqu'à concurrence de 150 fr., dans la gestion d'affaires elle est toujours admissible ; à la mort du mandant, le mandataire n'est tenu de continuer son administration qu'autant qu'il y a péril en la demeure ; à la mort du maître, au contraire, le gérant est obligé de continuer sa gestion jusqu'à ce que l'héritier puisse s'en charger.

La première obligation du gérant est d'apporter à la gestion de l'affaire tous les soins d'un bon père de famille (art. 1374). Il répond par conséquent, non-seulement de son dol, mais en-

core de sa faute. Néanmoins, ajoute l'art. 1374, les circonstances qui l'ont conduit à se charger de l'affaire peuvent auto-
riser le juge à modérer les dommages-intérêts qui résulteraient
de ses fautes ou de sa négligence. Les tribunaux, disait Treilhard
au conseil d'État, sauront faire à cet égard les distinctions que
réclame la justice, on ne peut que s'en rapporter à eux.

N'est-il pas évident en effet qu'ils se montreront indulgents
pour celui qui, par pure bienveillance a dépensé pour les affaires
d'autrui son argent et ses peines, quand même il n'aurait pas
mis dans sa gestion toute la diligence dont il était capable,
tandis qu'ils auront de justes motifs d'être sévères si le gérant
cherchait son propre intérêt, s'il a éloigné un administrateur
plus habile, si en définitive sa gestion a été plus nuisible aux
affaires du maître que ne l'eût été un complet abandon.

En un mot, le gérant est tenu de toute faute grave, il l'est
même de ses fautes légères, s'il a écarté un administrateur plus
habile que lui ; quant aux cas fortuits, il n'en répond qu'autant
qu'il y a eu imprudence de sa part.

La seconde obligation du gérant est de continuer la gestion
qu'il a commencée, et de l'achever jusqu'à ce que le propriétaire soit en état d'y pourvoir lui-même (art. 1372). Par cette
disposition, le législateur a voulu écarter ces officieux indiscrets
qui ne cherchent qu'à s'immiscer dans les affaires des autres, et
dont l'empressement deviendrait une véritable calamité s'ils
pouvaient, à leur gré, se soustraire aux conséquences de leur
légèreté. D'un autre côté, il importe au maître que celui qui a
commencé une affaire, qui s'y est habitué, qui peut-être a écarté
des personnes plus habiles, soit obligé de continuer sa gestion
jusqu'à ce que lui-même puisse s'en charger. Et c'est si bien à
l'affaire, abstraction faite des personnes, que le législateur en-
chaîne le gérant, que dans le cas de mort du maître avant
qu'elle ne soit achevée, le gérant est tenu de la continuer jus-

qu'au moment où l'héritier sera en mesure d'en prendre la di-
rection, et cela sans qu'il puisse alléguer que c'était uniquement
en considération du défunt qu'il l'avait entreprise.

Cependant, en cas d'absence du maître, le gérant ne peut pas
être tenu de continuer indéfiniment sa gestion. Si le maître a
cessé de donner de ses nouvelles, si son existence est incer-
taine, le gérant se débarrassera en faisant nommer un administrateur par le tribunal dans l'arrondissement duquel sont situés
les biens (art. 112). Et même si le maître était présent, et qu'il
y eût pour le gérant impossibilité de continuer sa gestion, il lui
suffirait de notifier au maître son abandon, pourvu que cet
abandon ne fût pas intempestif.

Celui qui a géré l'affaire d'autrui, dit encore l'art. 1372, doit
se charger également de toutes les dépendances de cette affaire.
Est-ce à dire que je serai tenu de gérer toutes les affaires du
maître parce que je me suis immiscé dans l'une d'elles? Non
assurément. Le mot *affaire* doit s'entendre ici d'une ou de
quelques-unes déterminées, et c'est seulement dans la limite
de celles dont il s'est occupé que le gérant est obligé. Alors, il
est vrai, il en est tenu absolument dans toutes leurs dépendances. C'est au juge, du reste, à apprécier si telle ou telle
affaire rentrait dans l'affaire principale.

La dernière obligation du gérant est de rendre compte de sa
gestion. Il doit, par conséquent, présenter un état détaillé de
toutes ses opérations, offrir communication de toutes pièces
justificatives, faire raison au maître de tout ce qu'il a reçu
quand même la chose reçue ne lui aurait pas été due.

Le gérant doit l'intérêt des sommes qu'il a employées à son
usage du jour de cet emploi, et de celles dont il est reliquataire
du jour qu'il est mis en demeure.

Il répond de celui qu'il s'est substitué dans sa gestion, et le
maître a une action directe contre ce dernier.

La solidarité ne doit pas être admise entre les gérants, puisque le Code ne l'admet entre les mandataires qu'autant qu'elle a été formellement exprimée. A Rome, elle existait de plein droit entre les mandataires, mais non entre ceux qui avaient géré les affaires d'une même personne.

D'un autre côté, il faut rendre responsables de leur gestion certaines personnes contre lesquelles le Code ne donne, dans le cas de mandat, qu'une action restreinte.

Celui qui a pris pour mandataire une femme mariée non autorisée de son mari, ou un mineur non émancipé, n'a d'action contre eux que jusqu'à concurrence du profit qu'ils ont fait, parce qu'il ne peut imputer qu'à lui-même les conséquences de son choix. En sera-t-il de même s'ils ont géré l'affaire d'autrui ? Je ne le pense pas, car le maître, dans ce cas, n'a rien à se reprocher et la loi, ordinairement si attentive à protéger les incapables, ne montre nullement ici l'intention de les garantir contre toutes leurs fautes. Par conséquent, la femme mariée non autorisée de son mari qui s'immisce dans les affaires d'autrui, sera obligée de rendre compte comme tout autre gérant, et de réparer le préjudice que sa mauvaise gestion a causé. Le mari pourra même, selon les circonstances, être poursuivi comme l'ayant tacitement autorisée. Le mineur non émancipé sera également responsable des fautes commises dans sa gestion ; il n'est point restituable d'ailleurs à raison des obligations provenant de ses délits ou de ses quasi-délits.

Obligations du maître. — Le propriétaire à son tour est tenu vis-à-vis du gérant de différentes obligations, mais seulement lorsque l'affaire a été utilement gérée. Le maître dont l'affaire a été bien administrée, dit l'art. 1375, doit remplir les engagements que le gérant a contractés en son nom, l'indemniser de tous les engagements personnels qu'il a pris et lui rembourser toutes les dépenses utiles ou nécessaires qu'il a faites.

La première conséquence à tirer de ce texte c'est que le gérant n'a droit à aucun salaire à raison des services qu'il a pu rendre, et qu'il n'a droit même au remboursement de ses dépenses qu'autant qu'elles ont été faites *utilement.* Bien entendu, pour savoir si une dépense était utile ou non, ce n'est pas le résultat définitif qu'il faut considérer, l'avantage actuel que le maître en retire, mais l'origine de l'opération. Peu importe donc que la dépense, utilement faite, n'ait rapporté aucun profit au maître ; l'obligation que la loi lui impose de la rembourser s'est trouvée parfaite dès le principe et n'a pu être éteinte par un événement postérieur que le gérant n'avait pas prévu.

Le maître doit au gérant l'intérêt des sommes qu'il a déboursées à partir du jour où il en a fait l'avance. L'assimilation de la gestion d'affaires au mandat, l'obligation réciproque du gérant, la faveur dont il est digne, l'utilité générale et l'équité veulent qu'il en en soit ainsi, contrairement à l'art. 1153 qui, en principe, ne fait courir les intérêts que du jour de la demande en justice.

Quant aux engagements contractés par le gérant, s'ils l'ont été en son nom personnel, il est tenu de les remplir, mais le maître doit l'en indemniser ; s'ils l'ont été au nom du maître, c'est le maître qui le remplira directement. Du reste, lors même que le gérant s'est obligé en son nom personnel, le créancier peut agir directement contre le maître, par analogie des règles du mandat (1998).

2° *Du paiement de l'indu.*

Le paiement d'une chose non due, tel est le fait volontaire qui engendre, pour celui qui a reçu la chose, l'obligation de la rendre, et qui constitue le second quasi-contrat dont parle le Code. Cette obligation de restituer ce qu'on a reçu indûment est une conséquence évidente de ce principe du droit naturel inscrit dans toutes les consciences, qu'il n'est jamais permis de s'enrichir aux dépens d'autrui. Celui qui reçoit par erreur ou sciemment ce qui ne lui est pas dû, dit l'art. 1376, s'oblige à le restituer à celui de qui il l'a indûment reçu. Tout paiement, en effet, supposant une dette, si cette dette n'existe pas il y a lieu à répétition.

Pour reconnaître si une chose n'est pas due, et par suite si la répétition est admissible, il suffit de préciser les cas où elle est due. Pas de difficulté pour celles qui sont dues en vertu d'une obligation consacrée par le législateur. Si elles ont été payées, celui qui les a reçues ne peut jamais être tenu de les rendre ; mais s'il s'agit d'une de ces obligations dites naturelles que le Code semble ne pas reconnaître, et pour lesquelles il ne donne pas d'action, comme une dette de jeu, de pari, peut-on admettre que celui qui s'est acquitté d'une obligation de ce genre l'ait fait indûment et qu'il ait le droit de répéter ce qu'il a payé ? Non. Nous décidons, avec les jurisconsultes romains, que la chose payée en vertu d'une obligation naturelle l'a été dûment, et qu'il n'y a pas lieu à répétition. La répétition, dit l'art. 1235, n'est pas admise à l'égard des obligations naturelles qui ont été volontairement acquittées.

Notons cependant ce mot, *volontairement*, qui établit une différence fondamentale entre le droit romain et le droit français. A Rome, par cela seul qu'il existait une obligation naturelle, il importait peu que celui qui payait ignorât la nature de la dette ; on lui refusait la *condictio indebiti*. Chez nous, au contraire, pour que la répétition soit interdite, il ne suffit pas qu'il y ait une obligation naturelle, il faut, de plus, que cette obligation ait été acquittée volontairement, avec connaissance de cause et non par erreur. La raison de cette différence s'aperçoit facilement : les obligations naturelles étaient très nombreuses, à Rome ; elles y produisaient tous les effets des obligations civiles, excepté l'action, aussi étaient-elles l'objet d'une protection toute spéciale. Dans notre droit, au contraire, ces sortes d'obligations sont rares, indéterminées dans leurs causes et laissées à la conscience de chacun. Il n'est donc pas étonnant que le Code autorise la répétition de ce qui a été payé en vertu d'une obligation naturelle, si le débiteur ignorait l'origine de la dette.

Les art. 1376 et 1377 nous indiquent, d'après le Digeste, trois cas dans lesquels il y a lieu à répétition : 1° il n'y a pas de dette ; 2° celui qui a payé était débiteur, mais celui qui a reçu n'était pas créancier (1376) ; 3° celui qui a payé n'était pas débiteur, mais celui qui a reçu était créancier (1377).

Nous devons signaler ici une nouvelle différence très importante entre le droit romain et le droit français. A Rome, celui qui avait payé ce qu'il ne devait pas, n'avait droit à la *condictio indebiti*, qu'autant qu'il était dans l'erreur, sinon, il était toujours censé avoir payé *animo donandi*. En est-il de même chez nous ? Non, et nous en trouvons la preuve dans la rédaction même des art. 1376 et 1377. Dans l'hypothèse de l'art. 1377, celui qui a payé n'était pas débiteur, mais il a payé au véritable créancier ; pour qu'il puisse exercer la répétition, il faut qu'il ait été dans l'erreur, sans cela on supposerait logiquement qu'il voulait payer pour le véritable débiteur et il n'aurait que l'action de gestion d'affaires contre ce dernier. Dans les deux cas de l'art. 1376, celui qui a reçu n'était pas créancier, aussi le texte ne parle pas de l'erreur de celui qui a payé, par conséquent qu'il ait été ou qu'il n'ait pas été dans l'erreur, nous décidons qu'il a toujours droit à répétition.

Quelquefois cependant la répétition n'est pas admissible parce que le prétendu paiement n'est plus qu'une simple donation Cette donation n'est valable, bien entendu, qu'à l'égard de certains meubles et non quant aux immeubles que le Code soumet à des formalités plus rigoureuses, et même à l'égard des meubles, la répétition pourrait être accordée si celui qui les a livrés prouvait son intention de les reprendre. Alors, en effet, il n'y a ni paiement, ni donation, mais un dépôt ordinaire ; seulement le réclamant peut être condamné à des dommages-intérêts, à raison du préjudice que la possession de la chose aurait causé à celui qui l'avait reçue.

Quand la répétition se fonde sur l'erreur, suffit-il d'une erreur de droit ou l'erreur de fait est-elle seule admissible? Cette question était controversée en droit romain, mais le Code, dans l'art. 1377, ne distingue pas entre l'une et l'autre erreur, et s'il avait entendu n'accorder la répétition que pour erreur de fait, il n'eût pas manqué de s'en expliquer formellement comme il l'a fait à l'art. 1356 pour l'aveu judiciaire et à l'art. 2052 pour la transaction : aussi la maxime que nul n'est admis à invoquer son ignorance du droit, maxime toujours vraie en matière criminelle, est-elle fausse en matière civile, sauf quelques exceptions.

L'erreur peut-elle se présumer ? Cette question ne se présentera pas dans les deux hypothèses de l'art. 1376, qui permet la répétition, sans qu'il y ait erreur. Dans le cas de l'art. 1377, il faut distinguer : si celui qui a payé est désigné comme débiteur dans la quittance, cette désignation prouve suffisamment son erreur ; si au contraire, il n'est pas désigné comme débiteur, on supposera qu'il a voulu payer la dette d'autrui et l'erreur ne se présumera pas.

Après avoir accordé en principe le droit de répétition à celui qui se croyant débiteur a payé au véritable créancier, le Code admet une exception.

Néanmoins, dit le deuxième alinéa de l'art. 1377, le droit de répétition cesse dans le cas où le créancier a supprimé son titre par suite du paiement, sauf le recours de celui qui a payé contre le véritable débiteur. Il serait injuste en effet de rendre le créancier victime de l'ignorance de celui qui l'a mal-à-propos payé. C'est à celui-ci à s'imputer les conséquences de l'anéantissement du titre. Bien entendu, il faut que le créancier ait été de bonne foi, c'est-à-dire qu'il n'ait pas su que celui qui le payait n'était pas son débiteur, autrement il y aurait dol et il ne serait plus à l'abri de l'action en répétition.

On doit assimiler au créancier qui a supprimé son titre, celui qui considérant la dette comme dûment acquittée a négligé de poursuivre le véritable débiteur et a laissé s'accomplir la prescription.

Si l'obligation est conditionnelle, le débiteur peut répéter ce qu'il a payé avant l'arrivée de la condition, jusque-là, il n'y a qu'espoir de créance. Nous accordons de même l'action en répétition au débiteur à terme, qui a payé par erreur avant l'échéance du terme. Car pourquoi le créancier profiterait-il de l'ignorance de son débiteur? Ne serait-ce pas méconnaître le principe d'équité sur lequel repose notre quasi-contrat ? Celui qui paie d'avance ne veut pas faire une donation, mais un paiement, par conséquent, s'il était dans l'erreur, il peut répéter son capital avec les intérêts contre le créancier de mauvaise foi, et son capital seulement, si le créancier était de bonne foi. Cette interprétation n'est pas contraire au texte de l'art. 1186, qui n'a entendu refuser l'action en répétition qu'à celui qui a payé *sciemment* avant le terme, et qui par là a tacitement renoncé au bénéfice de ce terme.

Si l'obligation est alternative et que les deux choses aient été données en paiement, nous pensons avec Justinien, contrairement à l'opinion de Marcellus et d'Ulpien, que c'est au débiteur agissant en répétition à réclamer celle qu'il voudra. En effet, le créancier ne peut, sous le Code, rien conserver au-delà de ce qui lui était dû; je devais tel objet ou tel autre, j'étais bien le maître de livrer celui que je voulais, c'est donc à moi, si je les ai livrés tous deux, à exercer mon choix comme je l'entends.

Si le paiement a eu lieu par suite d'une cause illicite, la répétition est-elle admise? Assurément, si la cause illicite provient de celui qui a reçu et non de celui qui a payé, puisque ce dernier, en vertu de l'art. 1131, n'était tenu d'aucune obligation ; mais si la cause illicite est l'œuvre des deux parties, par exemple, si je promets à quelqu'un de l'argent pour commettre un crime, sans doute on ne peut exiger de moi le paiement, mon obligation étant nulle d'après l'art. 1131 ; mais si j'ai payé, pourrai-je répéter? La loi romaine ne le permettait pas, elle appliquait la maxime : *in pari causa melior est causa possidentis;* d'ailleurs, à Rome, pas de répétition sans erreur. Le Code, au contraire, ne faisant pas de l'erreur, au moins en principe, une condition de la répétition, nous accordons l'action lorsqu'il y a *turpitudo ab utraque parte,* parce que dans ce cas comme dans l'autre, il n'y a pas d'obligation.

L'action en répétition appartient à celui qui a payé ou au nom duquel le paiement a été fait. Cependant, pour éviter un circuit d'actions, on l'accorde à celui qui a payé au nom d'un autre, que celui-ci ait ou non ratifié le paiement.

Quelle est l'étendue de l'action en répétition?

Cette étendue varie à raison de la nature de l'objet réclamé et aussi à raison de la bonne ou de la mauvaise foi de celui qui l'a reçu.

Ainsi, la chose indûment payée est-elle une somme d'argent, celui qui l'a reçue de bonne foi ne devra rendre que le capital, quand même il en aurait retiré des intérêts, parce qu'il est assimilé au possesseur de bonne foi d'un immeuble, lequel fait les fruits siens par la perception. Si, au contraire, il a été de mauvaise foi au moment de la réception, il doit non-seulement le

capital, mais encore les intérêts du jour du paiement, quand
même il n'en aurait point perçus, parce qu'il est considéré comme
un possesseur de mauvaise foi qui doit compte même des fruits
qu'il n'a pas recueillis.

S'agit-il d'un immeuble ou d'un meuble déterminé *in indi-*
viduo, celui qui l'a reçu le rendra en nature s'il est encore en
sa possession, et, pour les fruits, il ne les doit qu'autant qu'il
était de mauvaise foi (art. 549). S'il a vendu l'objet, il en res-
titue le prix lorsqu'il était de bonne foi, sinon il en doit la
valeur réelle.

Que décider si la chose a été détériorée ou si elle a péri par
la négligence de celui qui l'a reçue ou même par cas fortuit ? —
Si l'*accipiens* était de mauvaise foi, il est responsable de la
détérioration ou de la perte, il l'est même des cas fortuits s'il
ne prouve pas que la chose les eût également subis entre les
mains du propriétaire. — Si l'*accipiens* était de bonne foi,
l'art. 1379 paraît décider qu'il est aussi responsable de la détérioration ou de la perte survenue par sa négligence. En effet,
cet article oppose au possesseur de mauvaise foi qu'il déclare
garant des cas fortuits, celui qui a détérioré ou laissé périr la
chose par sa faute et qui dès lors ne saurait être qu'un possesseur de bonne foi. Cependant cette interprétation me semble
inadmissible et je pense que ces mots de l'art. 1379 : *si la chose*
a péri ou s'est détériorée par sa faute, doivent être remplacés par
ceux-ci : *si la chose a péri ou s'est détériorée avec mauvaise foi de*
la part du possesseur. Evidemment le législateur suppose que
l'*accipiens* de bonne foi au moment de la réception a reconnu
postérieurement le vice de sa possession. Comment en effet me
rendrait-on responsable des détériorations commises sur un
objet dont je me croyais le seul maître et dont par conséquent
je pouvais user et abuser comme je l'entendais ? Je ne puis
être en faute et partant, garant des dégradations ou de la perte

que du jour où j'apprends que l'objet n'est pas à moi, du jour en un mot où commence ma mauvaise foi.

Comme conséquence du principe que nul ne doit s'enrichir aux dépens d'autrui, celui à qui la chose est restituée doit rembourser, même au possesseur de mauvaise foi, toutes les dépenses nécessaires faites pour la conservation de la chose. A l'égard des dépenses utiles, il faut distinguer s'il y a eu bonne ou mauvaise foi ; le possesseur de bonne foi a droit au remboursement intégral de ses dépenses utiles, tandis que le possesseur de mauvaise foi n'y a droit que jusqu'à concurrence de la plus-value acquise par la chose. Quant aux dépenses d'agrément, le propriétaire ne doit que la plus-value qu'elles ont produite, qu'il y ait eu bonne ou mauvaise foi ; seulement dans la seconde hypothèse, il a le droit de faire enlever les travaux.

Terminons par une question très importante et très controversée. L'action en répétition est-elle accordée contre les tiers acquéreurs? A Rome, cette question ne pouvait se présenter, car la *condictio* étant une action personnelle elle ne s'exerçait pas contre les tiers, mais seulement contre celui qui avait reçu la chose et contre ses héritiers. Chez nous, la question ne se présentera que pour les aliénations immobilières, les aliénations de meubles se trouvant protégées par l'art. 2279. Distinguerons-nous comme Pothier si l'aliénation a eu lieu à titre gratuit ou à titre onéreux, et dirons-nous que le tiers acquéreur peut être inquiété dans le premier cas et non dans l'autre ? ou bien dirons-nous que le donataire étant lésé par la privation de l'objet donné, il ne doit pas plus être inquiété que l'acquéreur à titre onéreux. Ces différentes doctrines sont inadmissibles; elles ne sauraient prévaloir contre ce principe que pour aliéner il faut être propriétaire, et qu'on ne peut transférer sur une chose plus de droit qu'on n'en a soi-même. Ainsi, malgré l'autorité de Pothier, nous accorderons la répétition contre les tiers acquéreurs.

QUESTIONS.

I. En cas d'absence du maître, le gérant peut-il se faire décharger de la gestion? — Oui.

II. La solidarité est-elle admise entre les gérants? — Non.

III. Pour savoir si les dépenses faites par le gérant étaient utiles, doit-on considérer le profit que le maître en retire? — Non.

IV. Le Code permet-il la répétition de ce qui a été payé en vertu d'une obligation naturelle? — Non, s'il n'y a eu erreur.

V. L'erreur est-elle une condition nécessaire pour la répétition de l'indu? — Il faut distinguer.

VI. L'erreur peut-elle se présumer? — Non.

VII. Si le paiement a eu lieu par suite d'une cause illicite, la répétition est-elle admise? — Oui,

Vu par le Président de la thèse,
DE PORTETS.

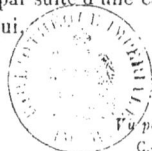

Vu par le Doyen,
C.-A. PELLAT.